남아 있는 날들은

그림자도

떼어 놓고

이um시인선 001
노진화

남아 있는 날들은
그림자도
떼어 놓고

시인의 말

사랑으로 돌아가기 위해

기쁨으로 살기 위해서

시를 쓴다.

그림자도 떼어 놓고

나로 돌아가는 시간.

그림자도 쉬는,

아무것도 한정짓지 않는 현玄의 시간이 온다.

시인의 말 • 5

| 차례 |

1부

전어 • 12

화해의 제물-비비안나의 장어국 • 14

갯벌 • 16

내가 눈물이 되는 시간 • 18

목섬*에 가면 • 20

그 시절 연애는 공중전화기를 타고 • 22

은방울꽃 • 23

오늘은 바다를 이야기하자 • 24

엄마의 텃밭 • 26

흘러가는 구름처럼 친구여 • 28

그리우니까 별이다-아들에게 • 30

술 나누는 밤 • 32

떠나보내는 시간-딸에게 • 33

2부

사랑 • 36

식은 피 • 37

헌신짝 • 38

안부 • 39

인생 • 41

눈물 • 42

매혹 • 43

해방에 대하여 • 44

강물은 흐르고 • 45

아침 바다에서 • 46

열망 • 47

염원 • 49

3부

만추 • 52

장마 • 53

가을밤 • 54

오월 • 55

빗소리 듣는 밤 • 56

꽃과 새 • 57

겨울나무 • 58

2월, 거룩한 달 • 59

매미 소리 • 61

여름 • 62

비의 마법 • 63

배롱나무가 거느린 여름 • 64

4부

격포 해변 • 66

레꽁프 바게트* • 68

검은여 백사장* • 70

세화 바닷가 • 71

칠산 바다 • 72

종포마을*에 와서 • 73

삼천포 • 75

구봉산에서 • 77

위미리 동백나무 • 78

유배의 시간 • 79

제주도 푸른 그림자 • 80

이중섭의 팽나무 • 81

운문사 처진 소나무 • 83

이지러진 달 • 85

5부

애동지 • 88

흐튼미역국을 끓이며 • 90

상실의 시간 • 92

반영 – 성당못 • 94

폭설, 광치기 해변 • 95

가지치기 • 97

가시의 바다 • 98

파도 • 100

성모님의 미소가 피어오를 때 • 101

순교자들의 바다 – 갈매못 성지에서 • 103

사랑을 다 쓰지 못하여 • 104

수국이 전하는 말 • 105

전진 • 107

해설 | 근원의 바다, 혹은 헤테로토피아 | 박남희(문학평론가) • 109

1부

전어

죽은 전어 새끼 앞에서 피가 돌던,
가난한 엄마의 물고기가
검푸른 등을 세우고
기름진 비늘로 희게
여름을 몰고 온다

손끝에 달린 일곱 자식들
젊은 엄마는 더없이 곤궁해질 때마다
갈대샘이 있는 시장통으로 달려가 목을 축이고
갓 죽은 전어 새끼 회쳐서
아무도 거들떠보지 않는 상을 차렸네

삼천포 군영숲* 오래된 노을이 지는
방파제에 앉아
죽어서도 오래 사는
내 영혼의 물고기에 잠기는 동안
먼 곳의 엄마 다녀가시네.

*:임진왜란 때 군인들의 훈련장이자 휴식처.

화해의 제물
-비비안나의 장어국

쓸쓸히 병이 찾아왔다
새로 살고 싶어 몸을 바꾸는 것인가
밝은 것들은 떠나가고
어두워진 몸 들여다보는,
십자가의 시간들 들이닥쳤네
숨죽여 기다리는 빛
오로지 주님의 빛
하여 사랑이 오는 것인가

유연히 물살을 헤치고 지느러미 흔적도 없이
뼈들의 형체도 녹아들어
방아 향기 절절한
한 그릇 장어국으로 온다

저 속에 고사리 배춧잎 숙주나물
모든 맑은 것들이 들어차고

내 동생 비비안나의 편지가 온다

저문 몸에 들이치는 달빛같이

검은빛 속에서

우렁우렁 사랑이 온다.

갯벌

강렬한 태양이 펼쳐놓은 갯벌 속 구멍들은
무한한 생명의 집인가
뻘을 뒤집어쓴 채 칠게 짱뚱어 갯지렁이들은
먹이와 집을 두고도 다투지 않고
집이 길인 줄 알고 뱅뱅 제 집에서 산다
그런 집은 얼마나 깊어 안전한 것인지
타오르는 햇빛 속에서
아직 떠나지 못하는 슬픔이 갯벌에 눕는다

바다를 비우고 들이며
두 개의 몸을 가진 갯벌에
무한정 생명이 일어나는 것은
구멍과 구멍 사이 아름다운 간격 때문이리라
푸른 이상을 좇아 한 생을 밖으로 내달렸던
아버지
한 개의 깃발만 줄창 흔드셨지
집은 고달프고, 가팔랐던 우리들

자꾸만 생겨나던 슬픔 애끓는 숨을 붙잡고

희망의 씨를 뿌렸던,

목숨을 다하고서야 집을 떠난 엄마는

경이로운 갯벌이었네.

내가 눈물이 되는 시간

고운사 푸른 길을 아들의 손을 잡고
기울어진 어깨로 걸어가시는
어머니
부처님께 헌화할 꽃 몇 송이
선물 받아 건네드리고
그 꽃송이 따라 걷는 오후
낮달이 붉다
나는 벌써 엄마도 없고
아버지도 잇달아 먼 별이 되었는데
다 살지 못한 시간들
서러워라 바람도 울고 있다

당신 아들의 손을 잡고
꽃처럼 환하게
한 번 돌아보시지도 않고
시어머니는 인생 어디쯤 걸어가시는가

〈

돌아와 탄식하는 어버이날 밤

밤의 방에서

내가 눈물이 되는 시간

사랑을 다 쓰지 못하고

사랑을 다 받지 못해서

혼자 마시는 이 깊은 슬픔은

천지간 진동하는 아까시 향기를 덮고 있다.

목섬*에 가면

새잎을 틔워 상승해 있는 나무들처럼
다시 살고 싶어서
마음이 푹푹 빠지는
우리집 같은 목섬
그곳에 깃들면 좋겠네

어디에도 없는 사무치는 얼굴들
어린 날 보슬비처럼 찾아오던
다정한 시간들
목섬에 가면
환상으로도 만나고 싶네

사랑의 뿌리여 어머니여
불운의 내 아버지
한 개의 깃발 푸른 정신이여
옛집이여

〈
떠나지 않는 섬
천년의 풍랑으로부터 지켜온
목숨들
목섬처럼
우리가 오래 그랬으면 좋겠네.

*삼천포 동서금동에 위치한 무인도로서 2000년도 초반까지 신비의 바닷길이 열렸다.

그 시절 연애는 공중전화기를 타고

그 시절 우리는 공중전화기를 타고
가보지 않은 마음속을
다 알 것 같았네

그날의 우리는 낡은 공중전화기를 끼고
며칠째 보고 싶은 얼굴
보지 않아도 보는 것 같았지

그러나 연애가 끝나자
사랑의 저녁도 끝이 났지

오늘 텅 빈 저녁 하늘
초승달 옆에 금성
서로 바라보기 좋은,
그 시절 공중전화기 같은 거리
지상에는 없는 극치의 거리.

은방울꽃

가만히 이끌리는 꽃

잎새 그늘에 숨은 꽃

손가락 끝의 꽃

아슬한,

가지고 싶어도

살포시

입술 얹고 싶어도

그냥 두는 꽃

아찔한 너 같아서.

오늘은 바다를 이야기하자

깊은 밤 현호의 시간
정박한 배들의 나라
고성 맥전포항
살아있는 모든 소리 잠들고
배들의 숨소리도 멈췄다
물고기가 오지 않는 낚싯대에는
바람도 잔다

잠든 바다를 깨우는
우리의 저문 이야기가
덥석 미끼를 물고
하이탁주 술잔 속에 넘실거린다

그러나 오늘은 바다 이야기를 하자
그래 오늘은 바다 이야기만 해도 되지
아버지의 숨결도 느껴지는데
슬프고 실패한 이야기는

통발처럼 바다에 던져두고

오늘은 그리운 바다에 왔으니까.

엄마의 텃밭

엄마의 읍울 무성했던 텃밭에는
죄스러워 가지 못하고
나는 잡초 무성한 무덤가에
벌선 아이 같네

뇌졸중으로 쓰러지신 아버지 병상
죽음 같은 밤을 견뎠던 엄마가
산다는 것에 대한
외로운 숙제 끝내 놓고
벼락처럼 가셨다

무덤은 이리도 가까운데
엄마의 한숨 다 받아들였던 텃밭에는
갈 수가 없네

하 세상 모든 것 늙고 낡아가더라도
엄마 그리운 가슴은 늙지 않는다

손잡고 걸어보지 못한 세상 길이

갯바위에 부딪히는 파도 같아서

시들지 않는 달 같아서.

흘러가는 구름처럼 친구여

세찬 빗소리에
친구의 생일이 지나가는 밤
축하의 말은 빗소리를 뚫고
외로운 그 마음에 들어섰을까

서로의 시간은 달라도
마음은 같아서
사랑하는 사람은 찾았는지
농담도 하는,
그래서 친구라네

젊은 날의 아슬한 나를 보았고
겨울밤 포장마차 수족관 속
은빛 멸치 떼의 황홀한 유영과
유영하던 멸치 몇 마리 회쳐서
쓸쓸한 밤을 무너뜨렸던
그런 독한 밤을 가졌던 우리

〈

다시 못 올 날것의 밤.

그리우니까 별이다
-아들에게

나는 온 생을 그리워하다가
목숨이 지겠지요

그리워하는 것들은
달의 구릉 너머 있어서
얼른 돌아오지도
오래 돌아올 수도 없어서
그리 그리운 걸까요

빗소리에 눈물이 묻힙니다
울기 좋은 저녁입니다
지금은 낯선 땅
그 땅에도 비처럼 눈물처럼
그리움이 내릴까요

오늘은 그리운 것들 때문에

폭삭 내려앉았습니다.

술 나누는 밤

내게도 단골 술집이 있어
술잔 기울이고 싶은 그런 저녁에는
신월성 청사포로 간다

오랜 친구와 술 나누는 밤
지나간 생일들을 자축하며
시까지 읽는 밤
들어주는 귀 있어 춤추는 입
그동안 멀어졌거나 시들했거나 차가워졌거나
어두운 것들이
녹아내리는 시간

달도 차지 않은 밤에
인생의 즐거움이 차오르네
오래 울지 않아도 되겠네.

떠나보내는 시간
-딸에게

하염없이 떠나보낸다

얼마나 아름다운 시간이었는지
얼마나 깊은 은총이었는지
강물 위로 뛰놀던 물고기처럼
재롱과 명랑 너는 그렇게
네 몫을 다 했다

그러므로 간혹 무정한 것들이
너의 의미를 곤두박질치게 했더라도
너는 충만하도록
기쁨의 근원이었다

그런 보석 같은 딸
저만치 건너간다.

2부

사랑

햇살 사라진 쓸쓸한 밤에도
강 쪽으로 치달은
애달픈 나무는
너에게로 휘청거린
내 마음 같아서
강물도 요동친다

비록 떠날 수 없어도
그것은 사랑.

식은 피

어느 날부터
나는 피가 식어서
차갑게 피가 식은 나는
사랑도 옛노래
먼 것이 되었네

그러나 옛노래도 노래라서
살아있는 동안은 불러야 할
지상 최고의 것인 줄 안다네

차가운 것들은 식은 피
그러니 떠나버린 사랑이여
사랑했던 것들이여
뜨겁게 다시 돌아오라.

헌신짝

당신은 후련하였으리라
헌 신발 한 짝 밤공기 찢고
결연히 날려버렸으니
이제 당신의 시간은 따끈해졌으리

작별은 예기치 않은 시간에 오고
새 구두는 새 시간을 데리고 올 것이다
전쟁 같은 것들
헌 신짝에 실어 보냈으니

아! 황홀한 광경 목격한 나의 시간도
후끈 새로워지리라.

안부

눈은 지루한 대화처럼 내리고
몸은 자주 쓸쓸해져
겨울잠 같은 날들이 길어지네

예쁘게 깎아놓은 연필심처럼
세상 좋은 것들 필통 속에 잠들고
얼어붙은 공원은 적막하고
적막한 겨울 속을 느리게 지나갈 때
산에서 놀던 햇살 폭설처럼 내려오네

몸으로 들어온 폭설
폭설 같은 햇살
꿈쩍 않던 차가운 것들
데워지고 풀어지네
아름답고 깊은 것들의 세계가
열리네

〈

당신에게도 들어본 적 없는

강렬한 안부였네.

인생

슬픈 빛깔을 가졌지만
노을은 환희인 거야
만약 노을이 슬픔이라면
심장이 두근대지도
오래 쳐다보지도
않을 테니까.

눈물

빈방에 달빛이 잠겨 들어
쓸쓸하다
늦가을 저녁을 닦고
블루의 냄새를 지운다

오래 후회하는 것들에 대한
결코 버릴 수 없는 것들에 대한
지독히 그리운 것들에 대한
결국 사랑에 대한
마르지 않는
눈물.

매혹

　서울의 겨울은 며칠 무심하고 며칠 무심했던 내가 폴폴 눈 내리는 날 집으로 돌아오니 베란다에서 한두 송이 피어나던 게발선인장 꽃이 나 없는 사이 우르르 피어나 빠르게 마음을 훔치네 폭설 같은 꽃 폭설 같은 사랑 내 마음에 들였네 너 좋니?

해방에 대하여

파도치는 바다를 보며
한갓지게 시를 생각하는
깃털같이 가벼운
나를 보는 시간들

물빛은 쉴 새 없이
가슴을 두드리고
시는 찰랑찰랑
파도쳐 오네.

강물은 흐르고

늦가을 색을 입고
쓸쓸히 강물이 흐르네

나를 부르는 그대 목소리도
강물 따라 흐르네

아득하여라 우리 사랑
흐린 날들의
내 것이 아니었던 사랑

사랑 아닌 것들은 물살 타고
어디든 흘러가거라.

아침 바다에서

 은빛 물결이 찬란한 아침 바다에는 푸른 바다의 색이 보이지 않는다 푸른 물빛은 은빛 햇살이 사그라졌을 때 비로소 푸른 숨을 뿜어낸다 그러니 늘 빛나는 것들도 가끔은 구석을 채워도 좋으리 아직 빛난다는 것의 기쁨을 알지 못하는 미약한 것들이 타오를 수 있도록 아침 바다의 은빛 햇살 같은 것들도 한 번쯤 숨죽여 볼 일이다.

열망

날아가려는 꽃이었네
꽃으로 태어나 새의 열망으로
하얀 꽃잎 찢어지도록 펼쳐
새의 시간으로 환생하려는
해오라비 난초처럼
산다는 것은 열망의 파도를 타는 것

구겨진 차들 쓸려간 폐차장
조각보 같은 노을 들어서고
나뭇가지 걸린 초승달과 늘어진 바람
구석을 채운다

마주하기 싫은 것들
마음에 차지 않는 것들
아, 남은 그리움을 어쩌지 못해서
날마다 바다로 가
무덤 하나 내려놓고 싶은,

〈

살아간다는 것은

허망의 파도를 넘는 것 아닌가.

염원

시어머니 사시는 의성 용천리로 가는
어버이날 아침
다부터널 위 지붕 같은 공원묘지가
비구름 풍경으로 묘하게 어우러진다

엄마는 먼 곳에 깃들고
오래도록 마르지 않는 눈물
천지간에 시어머니도
그 사랑을 대신할 수 없었네

세월은 무정하고
엄마 그림자라도 안고 싶었던 날들
그리움에 목이 꺾이네

어버이날 단 한 번 지상으로의 외출
어이어이 못 오실까
못다 쓴 편지 전해야 하는데

지워져 버린 길
하늘나라에서 오는 길은
어디에도 없네.

3부

만추

사라졌거나 떠났거나 부서졌거나
차가워진 그 모든 것들
유령처럼 떠오르는 밤

바람 소리 쓸쓸해져
살얼음 소주 한 잔 넘길 때
어둡고 멀고 쓸쓸해진 것들
처연히 넘어간다

다시 깨어나지 않기를
깡깡 얼어 버리기를
그리하여
다시 뜨거워질 일만 남았기를.

장마

그렇게 처절히 내리는 비 사이로

걸었네

지독히 낯선 밤이었네

으르렁거리는 빗소리에 갇혀

내 젖은 발은

비를 안고 바람을 따라

울었네

내가 알고 있는

당신이 없어서.

가을밤

존재하는 것들 그림자 있네
너는 그림자도 보이지 않네

서풍이 불어오던 날들
아득하여라

그 어느 날에 우리는
아무것도 아니었나
그림자마저 볼 수 없는 너 때문에
내 그림자마저 지우고 싶은
몹쓸 가을밤.

오월

꽃들의 아침을 보았나

그 환희 속에서 피어나는 사람들

힘차게 가지 끝 초록 잎들을 피우고

새들도 놀러 와 노래하게 하는

분발하는 나무들

꽃과 나무와 새들이 활개치는

오월의 들판에서

아직 피어나지 않는 그 사람을

누가 보았는가.

빗소리 듣는 밤

빗소리 소곤거리네
그대 아니어도 속삭이네
온종일 들어도 좋기만 하고
모든 외로운 것들과 그리운 것들
본래로 돌아가게 하네

비의 크기와 속도는 달라도
누구에게나 비는 내리고
그치네
누구에게나 사랑이 오고
슬픔이 가네

오늘 밤 다정한 빗소리까지
자연의 친구 몇 두었으니
외로운 생각도 덜어지겠네.

꽃과 새

나뭇가지 앉은 작은 새에게
빠져드는 눈동자
오종종 꽃잎 열고 있다

새는 먼 데 마음이 가 있는지
화답이 없고
새의 그림자에도 닿지 못하는
꽃의 마음
노래가 되지 못한다

달이 지면 바람이 일 듯
노래가 되지 못한 우리의 시간도
저 꽃과 새의 지경이리라.

겨울나무

바람을 안고
먼 하늘가로 숨 돌린
빈 나뭇가지 끝

그 끝
푸른 숨들
보이니?
내가 보이니?

2월, 거룩한 달

그대 오지 않아도
모든 생명체들 키를 키우는
달
도랑물 소리
낮달도
제 모습으로 돌아가는 시간

어린 햇살 살랑대는 나뭇가지
일찍 꽃눈 뜨고
헛것들 선명해지는 봄이 오면
내 쪽으로 몸 기울이는
온전한 한 사람

그 내밀한 곳으로 들어가는
시간의 미친 바람이
분다

〈

기다리는 것들의 기도를 듣는

거룩한 달.

매미 소리

마음 접혔던 날
한밤중 매미 소리
슬픈 것들
찢어 버린다

먼 별빛도
나뭇가지 위 달빛도
찢어졌다

내 오랜 눈물도
말라버려
나 대신 매미가 운다.

여름

기품 있는 황산마을 모내기 한 논들은
대지에 경배하듯 정갈하다
노을은 그런 논들이 좋아서
저녁별이 돋아날 때까지 발을 담그고
시간을 풀어 마음을 섞어야 한다고
저리 붉게 말하고 있다

사람이 그리운 저녁에
하나둘 바람 타고 푸른 별들이 내려오면
원학고가* 기품 서린 댓돌 위에 앉아
개구리 울음소리 온몸에 젖는
여름을 본다.

*: 거창 황산마을 신씨 집성촌의 고택.

비의 마법

줄기차게 비가 내린다
사흘 내내 보슬보슬
보드랍게도 온다
눈물처럼도 내려서
사나운 마음 잠재우고
슬픈 마음도 가라앉힌다

줄기차게 비가 온다
가랑가랑 가랑비 기척도 없이 오고
장대비도 다녀가고 안개비도 끼어들어
비 내리는 일로
모처럼 세상일이 조용하다.

배롱나무가 거느린 여름

그 붉은 이마가 좋아서
이마 아래 자유로운 그늘이 좋아서
서늘한 그대
떠나지 못한다

하목정 배롱나무 늘어진 꽃자락
땅에 이마가 닿는 경배의 시간
어느 계절에는 오지 않을
무성한 여름.

4부

격포 해변

찾으러 가리
채석강 노을은 지고
타오르던 바다도 눈감아 주던 곳
바람을 잠그고
붉게 파도치던 격포에서
몸으로 쓰는 편지
사랑을 썼다

아득하여라
뜨겁던 여름날 석양의 파도 소리에
물들어가던 귀
붉은 모래밭의 심장 소리
그때는 청춘이었으니
그리워라 짧은 청춘의 것들
오지 않네
나는 두고 온 것들 때문에
우두커니

자주 어두워졌네

찾으러 가리
격포에 잠든 사랑
그때는 진실이었으니.

레꽁프 바게트*

오롯이 오지 않는 너 때문에
비명을 지르는 나도
씹을수록 달콤해지는 산 아래 레꽁프 바게트처럼
영영 빠져들게 할 수 있을까

다시 사랑의 마음으로
딱딱한 겉을 물고 부드러운 속살을 씹으며
발효되는 우리를 볼 수 있을까

산 아래 그 시간은 레꽁프
시든 나뭇잎 같은 세계에
쓸모없이 태어나는 악의 기운들
사나운 말과 불온한 혀들 던져버리고
레꽁프의 빵들 가지런히 잘라
그 다정한 말들을 전하는
레꽁프의 순간들.

* : 레꽁프는 프랑스어로 위로, 위안의 뜻. 대구 앞산 아래 빵집 이름.

검은여 백사장*

물에 잠겼다가 드러났다가

정화의 시간을 거쳐

지친 발자국마다

한갓지게 걸어보라고

검은 등을 내어주고

하얀 모래밭 쪽으로 발을 뻗어가는

광활한 자유!

*: 검은 암반이 길게 뻗은 검은여 사이의 모래밭. (제주 표선)

세화 바닷가

파도 소리도
에메랄드빛을 담았어요
스며들 듯 다가오는 바다
홀황의 물빛
사람들은 그런 물빛을 낚고 싶어서
쉬 떠나가지 못해요

갯바위에서 낚시하는 사람들
낚고 싶은 것은 정작 물고기였는지
사랑하는 그 사람이었는지 모를 일이지만

세화 바다에서 나는
그대 생각 잊으려
하염없이 물빛을 낚고 있을 테지요.

칠산 바다

검은 가슴 풀어놓은 갯바위야
시큰둥한 내 몸을 받아 주렴
시든 내 마음도
네 검은 빛 속으로 데려가
타오르는 노을과 뭇별의 노래
물고기 뛰노는 소리 들으며
영원 속에서
춤추는 아이로 살게 해 주렴.

종포마을*에 와서

광활한 갯벌을 품고
노을 꽃 피우는
종포마을
내가 좋아하는 시간이
핀다

봄 피어나는지
아기처럼 깨어나는 햇살
보드랍고 예쁘다

너도 나에겐 봄인데
오랜만에 봄인데
나는 누구에게 봄이었는지

엄마도 없는 봄도 봄인가
검은 봄도 봄인가

〈

종포마을에 와서

내 마음에 없는 봄을

본다.

  *: 경남 사천시 용현면.

삼천포

슬프고 못난 것들 버리고 싶을 때마다
나는 붉은 녹 같은 감정들 휩쓰는
나의 바다로 간다

낮은 골목길을 벗어나면 앞강이라 불리던
지금은 사라져 버린 팔포 방파제에서
도시로 나가 공부하던 큰오빠가 낚시하는 모습을
선망의 눈빛으로 바라보는 소녀가 있고,
저녁 어스름 밥 짓는 냄새로 우리를 부르는 엄마와
만선의 아버지 전어 굽는 냄새 은빛 환희가 있는
천년의 바다로 간다

나를 사로잡는 바다에 잠겨
아무도 모르게 울부짖는 이름이여
초혼의 시간이여!
내 마음에 달 뜨지 않고
외롭게만 하는 사랑이여

남아 있는 날들은

고요히 물결치는

삼천포 바다에 살리라.

구봉산에서

아홉 개의 봉우리 구봉산

사방팔방 연두 잎사귀 펼치니

꽃들은 풀이 죽고

하늘빛도 연두로 물들었다

오래도록 우리 물들지 못하고

나를 버리지 못해서 깜깜했던 날들

굽이치는 봉우리들같이 난관이었지

아홉 개의 봉오리가 산을 이루고

연두의 속도만큼 가파른

아홉 번째 봉우리 앞에서 멈추었다

겹겹이 내밀해진 산

끝내 다 오르지 못해도

구봉산같이 내밀한 우리는

어느새 첩첩 물들었네.

위미리 동백나무

한라산 동백나무씨를 따다가
위미리 황무지에 별처럼 흩뿌렸던
현 할머니의 붉은 꽃들이
무성한 나뭇잎들 속에서
하나둘 돋아나고 있다

아직 터지지 않은 꽃봉오리들은
만개한 잎사귀들 손에서
천천히 피어나리라
그러니 동백꽃을 보러 오는 사람아
세상의 좋은 것들은 느리게 오고
사랑하는 것들은 더디게 오지 않던가

붉은 눈동자 동백꽃 보러 오는
그 마음에서
꽃잎은 더 붉게 피어나지 않겠는가.

유배의 시간

아직 내게 밝음이 들이치고 있었을 때
검은 등을 보이는 고성리 밤길을 유배처럼 걸었다
덮쳐오는 불안은 집과 길을 삼키고
온갖 밝은 것들 빨아들였다

유배의 시간은
말없는 감귤밭에서 적요가 피어나게 하고
밤하늘에 봄의 색 별빛이 뿌려지게 하였다
아기 숨결 같은 고성의 별빛에
한평생 수령이었던 불안은 사라지고
유채꽃 종소리에 어둠도 물러나
유배가 풀리는 폭신한 밤길이었다.

제주도 푸른 그림자

제주도 푸른 일 년의 시간들이 따라오는
배 안에서
제주가 건네는 노을 한 잔에
선셋의 창가는 주점이 된다

아무것도 걸치지 않은 바다를
세상 어디에도 없는 옷을 입히고
노을은 숨 가쁜 여정을 멈춘다
제주도 푸른 시간의 그림자는
푸르러진 나를 데리고 유배의 날들을
꽃 피운 채
일출봉을 지나고 오조포구와 지미봉을 뒤로하고
한라산을 품고서
길의 집으로 간다.

이중섭의 팽나무

이중섭의 서귀포의 환상 그림 앞에서
숨을 쉰다
피난 온 그가 지날 때마다 쉬었다는
서귀포 정방동 200년 된 팽나무 아래
바람 좋은 날 나도
쉰다

그가 그린 게와 아이들
게하고 노는 아이들
나에게도 도망가던 게하고 놀던 바닷가가 있었다
삼천포 앞강이 있었다

가난한 그가 사랑한 팽나무도
섶섬에서 바람 불어오고
더 나아갈 수 없는 사람들이 찾아오면
나뭇잎 크게 흔들며

쉰다

〈

더 나아갈 수 없을 때는 쉬는 것이다
1.4평 좁은 방 한 칸에서도
아내와 아이들과 가난한 행복을 이루어냈을
이중섭 같은 사람 그리워서
모두 더없이 쉬어가는 것이다.

운문사 처진 소나무

운문사에 들어서며

천년 석탑 휘돌아오는 목탁 소리와

둥근 달 둥싯 떠 있는 여승의 뒷모습

그 흰 그늘을 품은 나무의 서사를 읽었다

낮게 뻗친 가지들을 떠받친

장중한 쇠기둥들의 세계

그 세계엔 생명이 가득하고

평행으로 뻗어가는 가지마다

시든 잎 하나 보이지 않았다

아! 나는 타오르는 생명력에 사로잡혀

서늘히 그늘의 말들을 들었네

숨을 쉬어라 쇠락하지 않게

너의 숨을 지켜라

병이 건너와 쇠약해진 내게

목숨이 질 때까지
처진 소나무 쇠기둥 같은
생명의 조력자가 있었으면 좋겠네
발목에 감기는 바람같이
오롯이 당신이었으면 좋겠네.

이지러진 달

저 이지러진 달
만월을 향한 막바지 달의 형체에
마음이 진다
중천에 휘영청 높이 떠
외롭고 슬픈 몸 비추며
무수한 밤의 불빛들을 압도하는
한쪽 귀퉁이 덜 여문 미완의 달에게
바람도 멈춘다

어쩌면 나는 이지러진 달이라는 생각
만월에 가까워졌으니
이제 구석으로 숨지 말아라
버려진 이삭으로도 살지 말아라
아직 구겨지지 않은 꿈과
아직 미완의 것들과
모든 사랑의 날들이 남아 있는,

〈

그러니 쉬이 마음을 날리지 말아라
그리움도 기다리는 일도 막바지에 다다라
욕망의 혀는 **뽑**히고 죽음의 뿌리도 드러나네
당신과 다른 나는 여태 사랑을 믿어 왔으니
위풍당당 이지러진 달 아닌가!

5부

애동지

애동지, 제사가 길어졌다
참회는 달의 시간
달은 눈물을 낳았다

눈물 속에 어룽대는 밤의 형제들
모든 것 먼지가 되어버린
그해 겨울의 전말
그림자는 잠이 오지 않았다

큰언니의 동지팥죽은 짙붉었다
새알심처럼 떠오른 엄마의 잔상들
보속의 아버지, 책력이 흘렀다
달의 혀가 길어지고
밤이 오래 떨었다

〈
그리움의 물결이

애동지 지나 흐르고 흐르면

죽어있는 형제들이 되살아나

쉬 나의 봄이 되리라

대설과 소한 사이

먼나무의 새,

통공通功*은 바람처럼 오는가.

   *: 그리스도 안에서 천상의 성인들과 지상의 사람들, 연옥의 영혼들이 공로를 나누고 영적 도움을 주고받음

흐튼미역국을 끓이며

생일 아침 나를 위해
비장한 마음으로 미역국을 끓입니다
참 깜찍한 기적입니다

물살 세고 깊고 찬
진도 바다 밖갈미섬 할머니들은
물살과 싸운 금쪽같은 미역을
굽은 허리로는 흩어 말릴 수밖에 없다지요
그래서 볼품없는 흐튼미역이지만
성큼 마음이 갑니다

아! 어릴 적 삼천포 우리집 앞마당
제주 바다 건너온 젊은 해녀들이
돌미역 가지런히 붙여 말리던
한없이 낮은 풍경이 덮쳐옵니다
예쁜 눈은 거친 얼굴에 가려지고
날마다 물질하던 혜정이 엄마

그녀의 슬픈 이야기가 파도쳐 오고

미역귀 따먹던 어린 나도 가엾습니다

미역귀 붙어 있는 흐튼미역국을 끓입니다

산모의 미역국 같은 뽀얀 국물이

영락없이 엄마의 미역국을 닮아갑니다

먼 하늘가 엄마에게

물 마를 새 없던 억센 손에게

흐튼미역국을 바칩니다

한량없는 시간

통공*의 새 날아옵니다.

   *:그리스도 안에서 천상의 성인들과 지상의 사람들, 연옥의 영혼들이 공로를 나누고 영적 도움을 주고받음.

상실의 시간

끈다
깜깜히
너의 눈빛을

네 심장이 떠나가고
어린 달빛의 손등 위로
슬픔이 쓰러졌다

한번 뒤척이지도 않고
센 물살로 갔다
네 차가운 눈빛 지우는 사이
새로운 계절이 오고
세상의 모든 달빛
<u>우르르 우르르</u>
쳐들어 온다

〈
거짓말처럼

보쌈해 갔다

남아 있는 날들은 그림자도 떼어 놓고

기쁨을 쓰리.

반영
-성당못

가을 서정의 초입
성당못
못은 무슨 생각으로 현玄한 것들
홀랑 비추는지
무슨 연유로 묘妙한 것들
직설로 드리우는지

못은 또 어쩌자고 곧이곧대로
마음을 들추는지
물속 귀를 열고
눈뜨는지

잔물결 그려놓은 바람의 손톱
붉은 노을의 수채화
그림자 없는 너까지
한세월 머물러 있다.

폭설, 광치기 해변

눈발 휘몰아치는 광치기 해변

일출봉 숨어버리고

광대한 바위도 잠긴다

눈부신 햇살 눈 따라다닌다

따라다니는 마음

갈릴래아에서 빈 무덤까지

예수님 따라온

마리아 막달레나와 용감한 여인들처럼

따라다니고 싶은 것들

그것이 시대의 정신이라면 사랑이라면

저토록 새하얀 눈

울부짖는 바다 한사코 달랜다

그러나 달래지 않는 세상

달래지 않는 당신

보아라

눈보라 검은 모래 하얗게 덮고

읍울과 비탄과 그리움 바다에 빠져

젖은 영혼 달래고 있다.

가지치기

며칠 집을 비운 사이

꽃들은 목마르고 햇살은 야위었다

주인은 돌아왔으나

말라버린 잎들

무성했기에 가지치기할 수 없었던

잎들을 떨군다

한번 손을 대니 가지치기 속도가 붙는다

그렇게 기색이 좋았는데

한순간에 가지를 떠나

수북이 쌓이는 숨결들

들리는가

비어 있어 무성해지는

잎들의 속삭임

비로소 잎들이 보인다.

가시의 바다

나는 가시를 드러내며
감추는 물고기
보이지 않는 가시의 바다를 춤추는
풍랑
깊고 푸른 무의식의
흐름인 것을

가시를 품고
가시를 품어서야 살아가는 나는
가시가 온몸을 빠져나가지 않는 한,
숨과 꿈처럼
세상의 바다를 유영하는
낯선 사람들 사이로
구석에 집을 짓는 먼지 같아도
거룩한 밤을
악마에게 넘겨줘서는 안 되리

〈

떠날 수 없는

물의 혼,

외롭고 쓸쓸한.

파도

문득
파도는 치는 것이 아니라
오는 것이다
오로지 한 가지 생각
날 선 바위를 향해
힘차게 포말져 오는 것

한 자리에서
해도 달도 말릴 수 없는
그리움을 향하여
온 영혼을 바쳐서
오고 또 오는 것이다.

성모님의 미소가 피어오를 때

성모 동산에 비가 옵니다
빗방울 푸르게 마른 풀들을 적시니
생기 돋아납니다

기도가 비에 젖는 사이
어머니의 미소가 피어오를 때
내 마음도 뛰네요
기도 속에 오래 머무릅니다
성모님의 기도 소리가 내 머리 위
비처럼 내리면
더 많은 기쁨이
더 깊은 감사가 찾아올까요

비에 젖는 성모 동산
은총의 순간을 기억하는
진실한 비가 옵니다
저희를 위해 빌어주소서

자애로우신 마리아

예수님 십자가 아래 어머니여!

순교자들의 바다
-갈매못 성지에서

아름다운 바다 풍경이 바라다보이는

갈매못 성지에서 순례 미사를 드린다

무명 순교자들의 무덤이 된 바다

자갈밭을 구르는 파도 소리는

믿음의 소리인가

저 불타는 낙조는 순교자들의 숭고한 마음인가

하느님을 가진 자가 모든 것을 가진 자가 되는*

이 순교의 바다에 와서

허약한 나는

얼마나 분명한 위안이 되는가

발목까지 파도 소리에 잠겨서

주님께로 가네.

*병인박해 때 순교한 성 안토니오 다블뤼 주교의 좌우명

사랑을 다 쓰지 못하여

남아 있는 사랑을 다 쓰고 오너라

일요일 아침 꿈결같이 듣는 말씀
밝은 기운이 돋는 권위의 음성
사랑의 식탁을 차렸으므로
주님이 기뻐하셨으리라

기쁘게 살지 못했으니
죄의 시간이 길었으므로

남아 있는 날들은 모두
사랑을 쓰리라.

수국이 전하는 말

한층 깊어진 유월의 얼굴
신화로 가득한 혼인지에는
자욱하게 내리는 비를 달고
푸른 꽃등이 일제히 켜지고 있었다
소문의 꼬리를 물고 수국을 찾아서
혼인지에 온 그대들은
절정의 순간 별처럼 쏟아지는
그때
천국에 있었다.

아! 절정의 순간을 준비하지 못한 그대들이여
우물쭈물하고 있는 사이
물의 꽃 수국은 지고
그대 짧은 이야기도 멈춘다
그렇기에 아직 한 톨의 쌀알 같은 열정이 있다면
불을 질러라
그때 절정의 순간에

합당한 죽음도 오리니.

전진

세상의 소리 쓸어모아
폭염의 밤하늘을 찢고 달리는
거대한 빗소리에 올라타서
도무지 일어서지 않는
마음을 세우려 하네

마음이 일어서야 나아가지 않겠나
핏줄 선 빗소리에 기대어 나아가는
인생은 전진.

□ 해설

근원의 바다, 혹은 헤테로토피아

박남희(시인·문학평론가)

1.근원의 바다에서 헤테로토피아까지

노진화 시의 근간을 이루는 중심 이미지는 바다이다. 경남 삼천포에서 태어난 시인에게 있어서 바다는 단순한 지리적 공간이 아니라 자신의 마음 깊은 곳에 뿌리가 닿아있는 근원적 장소이다. 그의 시에는 삼천포를 비롯해서 목섬, 격포, 광치기 해변, 세화 바닷가, 칠산 바다, 종포마을, 맥전포항 등 바다와 관련된 다양한 지명이 등장한다. 그리고 갯벌, 물고기, 미역 등 다양한 바다 소재가 등장하는 것도 그의 시에 나타나 있는 바다의 근원성과 무관하지 않다. 그런데 노진화의 여러 시에 보이는 바다의 근원성은 모성이나 달, 고향 등의 이미지로 변주되어 나타난다. 이런 대상들은 시인의 의식 속에 녹아들어가 그의 시 의식의 기저에 일정한 구심점을 형성하고 있다.

노진화의 시는 이상과 같은 바다의 근원성 뿐 아니라 미셸 푸코가 제시한 헤테로토피아에 비견되는 이질적 공간을 지향하기도 한다. 헤테로토피아(heterotopie)는 hetero(다른)과 topos(장소)를 결합해 만든 의학적 신조어로, 현실 안에 존재하지만 다른 질서의 규칙이 작동하는 '이질적 공간'을 말한다. 이러한 이질적 공간은 낯설다는 점에서 시인의 새로운 인식이나 창의성과 관계된다. 노진화의 시가 지향하는 바다의 근원성이 구심력으로 작동한다면 헤테로토피아를 향한 의식의 지향성은 원심력의 성격을 지니고 있다. 먼저 바다의 근원성을 보여주는 시를 살펴보자.

> 슬프고 못난 것들 버리고 싶을 때마다
> 나는 붉은 녹 같은 감정들 휩쓰는
> 나의 바다로 간다
>
> 낮은 골목길을 벗어나면 앞강이라 불리던
> 지금은 사라져 버린 팔포 방파제에서
> 도시로 나가 공부하던 큰오빠가 낚시하는 모습을
> 선망의 눈빛으로 바라보는 소녀가 있고,
> 저녁 어스름 밥 짓는 냄새로 우리를 부르는 엄마와
> 만선의 아버지 전어 굽는 냄새 은빛 환희가 있는

천년의 바다로 간다

나를 사로잡는 바다에 잠겨
아무도 모르게 울부짖는 이름이여
초혼의 시간이여!
내 마음에 달 뜨지 않고
외롭게만 하는 사랑이여
남아 있는 날들은
고요히 물결치는
삼천포 바다에 살리라.

—「삼천포」전문

  시의 초두에서 화자가 "슬프고 못난 것들 버리고 싶을 때마다/ 나는 붉은 녹 같은 감정들 휩쓰는/ 나의 바다로 간다"고 선언하는 것은, 그가 세파에 시달리면서 잃어버린 근원적인 것들을 회복하려는 존재론적 선언이다. 그가 그 옛날의 공간으로 돌아가 "낮은 골목길을 벗어나면 앞강이라 불리던/ 지금은 사라져 버린 팔포 방파제"를 소환해 내는 것도 이와 무관하지 않다. 그곳에는 "도시로 나가 공부하던 큰오빠가 낚시하는 모습"과 그것을 "선망의 눈빛으로 바라보는 소녀가 있고, 저녁 어스름 밥 짓는 냄새로 우리를 부르는 엄마와 만선의 아버지 전어 굽는 냄새"가 하나의 원형으로 존재한다. 화자는 그 곳을 '천년의 바다'로 명명함으로써 원형적 시간과 공간을 상징적으로 통합시킨다. 그러므로 시인에게 있어서 '삼천포'는 단순한 지명이 아니라, 과거와 현재, 살아있는 생명과 죽은 영혼을 아우르는 원형적 공간이다. 3연에서 시인은 이러한 공간을 '초혼의 시간'이라는 말에 집약되어 있는 영원성과 '외롭게 하는 사랑'이 지시하는 현실적 한계까지 아우르는 포괄적 의미로 확장시키고 있다.

> 강렬한 태양이 펼쳐놓은 갯벌 속 구멍들은
> 무한한 생명의 집인가
> 뻘을 뒤집어쓴 채 칠게 짱뚱어 갯지렁이들은
> 먹이와 집을 두고도 다투지 않고
> 집이 길인 줄 알고 뱅뱅 제 집에서 산다
> 그런 집은 얼마나 깊어 안전한 것인지
> 타오르는 햇빛 속에서
> 아직 떠나지 못하는 슬픔이 갯벌에 눕는다
>
> 바다를 비우고 들이며
> 두 개의 몸을 가진 갯벌에
> 무한정 생명이 일어나는 것은

구멍과 구멍 사이 아름다운 간격 때문이리라

―「갯벌」부분

　바다에서 갯벌은 인간과 만나는 가장 친근한 공간이다. 바닷사람들은 갯벌에서 가장 기초적인 생업 활동을 하고, 갯벌은 인간에게 바다와 육지의 내밀한 소통 공간이 되어준다. 하지만 갯벌은 인간이 사는 육지와는 전혀 다른 삶의 메커니즘을 갖고 있는 곳이다. 갯벌은 지배와 욕망이 판을 치는 인간 세상과는 다른 자연의 질서가 존재하는 곳이다. 화자가 "강렬한 태양이 펼쳐놓은 갯벌 속 구멍들"을 " 무한한 생명의 집"으로 명명하면서, "뻘을 뒤집어쓴 채 칠게 짱뚱어 갯지렁이들은/ 먹이와 집을 두고도 다투지 않고/ 집이 길인 줄 알고 뱅뱅 제 집에서 산다"는 점을 강조하는 것은 갯벌이라는 공간이 인간 세상과는 다른 '이질적 공간'으로서의 헤테로토피아이기 때문이다. 화자는 갯벌이 지니고 있는 고유한 질서를 "바다를 비우고 들이며/ 두 개의 몸을 가진 갯벌에/ 무한정 생명이 일어나는 것은/ 구멍과 구멍 사이 아름다운 간격 때문"으로 설명한다. 그런데 화자는 이 시의 말미에서 갯벌의 이러한 조화로운 질서를 "푸른 이상을 좇아 한 생을 밖으로 내달렸던/ 아버지"와 "자꾸만 생겨나던 슬픔 애끓는 숨을 붙잡고/ 희망의 씨를 뿌렸던" 엄마의 삶에 은유적으로 일체화함으로써 위대한 모성과 부성을 헤테로토피아의 범주에 편입시킨다.

2. 바다의 다양한 변주와 가족 서사

바다 이미지는 흔히 여성성과 관계된다. 여러 신화에서 찾아볼 수 있듯이 바다는 태초의 혼돈에서 생명이 솟아오른 장소이며, 생명이 끊임없이 생성하는 근원적 공간이다. 그리스 신화에 등장하는 바다의 여신인 '탈라사'는 바다의 여성성을 상징하는 대표적인 존재이다. '탈라사'라는 이름은 바다를 뜻하는데, 대기의 신 아이테르와 낮의 여신 헤메라 사이에서 태어났으며, 형제로는 하늘의 신 우라노스와 대지의 여신 가이아가 있다. 탈라사는 후에 폰토스와 관계하여 물고기를 낳았다고 전해진다.

삼천포가 고향인 노진화 시인의 시에 무수한 바다 이미지가 등장하고 그것의 대부분이 모성성과 관계되어 나타나는 것은 어쩌면 너무나 당연한 일이다. 하지만 그의 시에 등장하는 바다 이미지는 다양한 의미의 스펙트럼을 보여주며 변주된다. 또한 그의 시에는 바다 이미지와 연관이 있는 물 이미지가 자주 등장한다. 특히 비 이미지는 그의 내면의 파토스를 드러내는 중요한 이미지이다. 일단 이러한 시적 특성을 인지하고 그의 시들을 읽어보자.

> 새잎을 틔워 상승해 있는 나무들처럼
> 다시 살고 싶어서

마음이 푹푹 빠지는

우리집 같은 목섬

그곳에 깃들면 좋겠네

어디에도 없는 사무치는 얼굴들

어린 날 보슬비처럼 찾아오던

다정한 시간들

목섬에 가면

환상으로도 만나고 싶네

사랑의 뿌리여 어머니여

불운의 내 아버지

한 개의 깃발 푸른 정신이여

옛집이여

떠나지 않는 섬

천년의 풍랑으로부터 지켜온

목숨들

목섬처럼

우리가 오래 그랬으면 좋겠네.

—「목섬에 가면」 전문

  이 시의 각주에 의하면 목섬은 "삼천포 동서금동에 위치한 무인도로서 2000년도 초반까지 신비의 바닷길이 열렸"던 곳이다. 시인은 이 시에서 목섬을 "우리집 같은 목섬"이라고 하여 자신의 가족사가 깃들어 있는 상징적 공간으로 묘사하고 있다. 그곳은 "어디에도 없는 사무치는 얼굴들/ 어린 날 보슬비처럼 찾아오던/ 다정한 시간들"이 환상 속에서 선뜻 걸어 나올 것 같은 공간이다. 그곳은 사랑의 뿌리인 어머니와 불운의 아버지와 한 개의 깃발 같은 푸른 정신과/옛집이 함께 공존하는 곳으로서, 자신의 의식 속에서 끝내 "떠나지 않는 섬"이다. 따라서 시인은 이 시의 말미에서 "천년의 풍랑으로부터 지켜온/ 목숨들/ 목섬처럼/우리가 오래 그랬으면 **좋겠**"다는 가족사적 소망을 피력하고 있다.

    광활한 갯벌을 품고
    노을 꽃 피우는
    종포마을
    내가 좋아하는 시간이
    핀다

    봄 피어나는지

아기처럼 깨어나는 햇살

보드랍고 예쁘다

너도 나에겐 봄인데

오랜만에 봄인데

나는 누구에게 봄이었는지

엄마도 없는 봄도 봄인가

검은 봄도 봄인가

종포마을에 와서

내 마음에 없는 봄을

본다.

—「종포마을에 와서」 전문

  종포마을은 경남 사천시 용현면에 있는 바닷가 마을로 삼천포에서 그리 멀지 않은 곳이다. 그러므로 "광활한 갯벌을 품고/ 노을 꽃 피우는/ 종포마을"은 시인에게 있어서 청춘의 기억이 깃들어 있는 특별한 공간이다. 시인은 그 곳에서 오래 잊고 있던 자신의 봄을 만난다. 그는 "아기처럼 깨어나는 햇살/ 보드랍고" 예쁜 봄을 보면서 기뻐한다. 동시에 그는 "너도 나에겐 봄인데/ 오랜만에 봄인데/ 나는 누구에게 봄이었는지//엄마도 없는 봄도 봄인가/ 검은 봄도 봄인가" 반문하면서 새삼 부재하는 모성에 대한 그리움을 토로한다. 자신의 청춘 시절에 존재하던 엄마가 더 이상 존재하지 않는 현재의 봄은 시인에게 '마음에 없는 봄'일 뿐이다. 여기서 엄마 없는 봄을 '검은 봄'으로 인식하고 있는 것은 그의 시에 자주 등장하는 검은 색이나 현묘 이미지와 무관하지 않다.

3. 사랑의 아이러니와 현묘玄妙의 시학

시인은 이 시집의 초두에 실린 '시인의 말'에서 "사랑으로 돌아가기 위해/ 기쁨으로 살기 위해서/ 시를 쓴다./ 그림자도 떼어놓고/ 나로 돌아가는 시간./ 그림자도 쉬는,/ 아무것도 한정짓지 않는 현묘의 시간이 온다."고, 자신이 시를 쓰는 이유와 철학을 간명하게 진술하고 있다. 이 글에 의하면 그에게 있어 사랑과 기쁨의 회복은 시를 쓰는 가장 분명한 이유이며, 그가 시를 쓰는 시간은 "그림자도 떼어놓고/ 나로 돌아가는 시간"이고 "아무것도 한정 짓지 않는 현묘의 시간"이다. 여기서 현묘의 사전적 의미는 '한없이 깊어 끝을 알 수 없는 어둠'을 뜻한다. 노자의 도덕경에서 현묘는 말로서는 잡을 수 없는 근원을 의미하는 개념으로 모든 생성이 일어나는 '어둠의 자궁'을 뜻한다. 그러므로 시인이 말한 "아무것도 한정짓지 않는 현玄의 시간"은 어떤 억압으로부터 자유로운 열린 글쓰기의 시간이다. 이것은 시인이 그의 시 「칠산 바다」에서 "검은 가슴 풀어놓은 갯바위야/ 시큰둥한 내 몸을 받아 주렴/ 시든 내 마음도/ 네 검은 빛 속으로 데려가/ 타오르는 노을과 뭇별의 노래/ 물고기 뛰노는 소리 들으며/ 영원 속에서/ 춤추는 아이로 살게 해 주렴"이라고 염원한 싯구에 고스란히 드러나 있다. 이 시에서도 '검은빛'은 시인을 창의적인 시 세계로 인도하는 상징적 이미지이다. 이 밖에도 검은빛 또는 검을 현玄에 대한 싯구는 그의 시 도처에 다양하게 등장한다.

물에 잠겼다가 드러났다가

정화의 시간을 거쳐

지친 발자국마다

한갓지게 걸어보라고

검은 등을 내어주고

하얀 모래밭 쪽으로 발을 뻗어가는

광활한 자유!

—「검은여 백사장」 전문

가을 서정의 초입

성당못

못은 무슨 생각으로 현玄한 것들

홀랑 비추는지

무슨 연유로 묘妙한 것들

직설로 드리우는지

못은 또 어쩌자고 곧이곧대로

마음을 들추는지

물속 귀를 열고

눈뜨는지

잔물결 그려놓은 바람의 손톱

붉은 노을의 수채화

그림자 없는 너까지

한세월 머물러 있다.

―「반영-성당못」 전문

앞의 시 「검은여 백사장」의 중심 이미지인 '검은여'는 물에 잠겼다가 드러났다가 하는 반복되는 수련을 통해 마음이 정화되어 끝내 자기희생을 통해 '광활한 자유'로 나아가는, 수련을 통한 회복의 의미를 내포하고 있다. 뒤의 시 「반영-성당못」은 성당의 연못에 비춘 풍경을 통해서, 그동안 드러낼 수 없는 것들을 있는 그대로 보여주는, 새로운 깨달음의 현묘玄妙의 시간을 전경화해서 보여준다. 여기서 현玄이 드러나기 이전의 세계를 가리킨다면 묘妙는 감추인 것들이 드러나는 세계를 의미한다. 현玄의 철학적 의미는 본래 동양사상에 근거를 두고 있지만, 이는 들뢰즈의 '잠재성(vertual)' 개념과도 비슷하다. 들뢰즈에게 있어서 세계는 '현실적인 것'과 '잠재적인 것'의 두 층위로 존재하는데, 여기서 잠재적인 것은 아직 구체화되지는 않았지만 실제로 존재하는 것을 말한다. 이것은 동양적 의미의 현玄과 일맥상통한다고 볼 수 있다.

    깊은 밤 현玄의 시간

    정박한 배들의 나라

    고성 맥전포항

    살아있는 모든 소리 잠들고

    배들의 숨소리도 멈췄다

    물고기가 오지 않는 낚싯대에는

    바람도 잔다

    잠든 바다를 깨우는

    우리의 저문 이야기가

덥석 미끼를 물고

하이탁주 술잔 속에 넘실거린다

그러나 오늘은 바다 이야기를 하자

그래 오늘은 바다 이야기만 해도 되지

아버지의 숨결도 느껴지는데

슬프고 실패한 이야기는

통발처럼 바다에 던져두고

오늘은 그리운 바다에 왔으니까.

—「오늘은 바다를 이야기 하자」 전문

    이 시의 화자는 일행과 함께 고성 맥전포항에서 깊은 밤 낚시를 드리우고 탁주잔을 기울이며 '바다 이야기'를 하고 있다. 시인은 이곳의 깊은 밤을 '현효의 시간'으로 인식하고 있다. 이 시에서 '바다'가 물질적 생성의 공간이라면 '현'은 존재론적 생성의 공간이다. 이 둘은 모두 근원적 어둠과 연관된다는 점에서 공통점이 있다. 즉 바다 역시 태초에는 어둠이 드리워진 혼돈의 물이었다는 점에서 현효과 상통한다. 이 시의 중심 주제인 '바다를 이야기 하자'는 말은 그들의 "슬프고 실패한 이야기는/ 통발처럼 바다에 던져두고" 그동안 잠자고 있던 바다를 깨우듯 사랑 이야기와 인생

이야기를 하자는 의미로 읽힌다.

>한라산 동백나무씨를 따다가
>위미리 황무지에 별처럼 흩뿌렸던
>현 할머니의 붉은 꽃들이
>무성한 나뭇잎들 속에서
>하나둘 돋아나고 있다
>
>아직 터지지 않은 꽃봉오리들은
>만개한 잎사귀들 손에서
>천천히 피어나리라
>그러니 동백꽃을 보러 오는 사람아
>세상의 좋은 것들은 느리게 오고
>사랑하는 것들은 더디게 오지 않던가
>
>붉은 눈동자 동백꽃 보러 오는
>그 마음에서
>꽃잎은 더 붉게 피어나지 않겠는가.

―「위미리 동백나무」 전문

이 시에 등장하는 위미리에 동백나무를 심었다는 '현 할머니'는 실제인물로 1858년부터 1933년까지 제주에서 살면서 한라산에서 동백나무 씨를 가져다가 위미리 일대에 동백나무를 가꾼 현맹춘玄孟春 할머니를 가리킨다. 그런데 현 할머니는 제주 신화에 등장하는 '현玄 할머니'와 직접적인 연관성은 없지만 성이 모두 검을 현玄씨라는 점이 같고, 현 할머니 신화가 주로 풍요, 탄생, 창조와 연결된다는 점에서, 나무를 심는 현맹춘 할머니의 생명적-창조적 행위와 닮아있다. 그런데 이 시에서 현 할머니가 동백나무를 심어 꽃이 피어나게 하는 행위는 화자가 꿈꾸는 사랑의 행위를 상징하는 은유로 읽히기도 한다. 그것은 화자가 "동백꽃을 보러 오는 사람아/ 세상의 좋은 것들은 느리게 오고/ 사랑하는 것들은 더디게 오지 않던가"라는 진술을 통해 선명하게 드러난다. 이러한 진술을 통해서 우리는 화자가 사랑의 아이러니적 속성을 드러내고 싶어 하는 정황을 발견할 수 있다.

4. 병과 죽음을 통해 발현된 헤테로피아

푸코에 의하면 헤테로피아(heterotopie)는 사회가 자신의 질서를 유지하기 위해 특정한 사람이나 상태나 행위를 별도의 공간에 고립시키거나 배치하는 방식을 일컫는다. 그런 점에서 인간이 병이 들어서 가는 병원이나 요양원이나 정신병동 등과 죽어서

가는 무덤이나 납골당 등은 대표적인 헤테로토피아라고 말할 수 있다. 이상의 설명을 통해서 보면 헤테로토피아는 주로 부정적인 의미가 강하지만, 궁극적으로 '낯선 이질적 공간'체험을 통해서 새로운 깨달음에 이를 수 있다는 점에서 창조적인 측면이 있다.

쓸쓸히 병이 찾아왔다
새로 살고 싶어 몸을 바꾸는 것인가
밝은 것들은 떠나가고
어두워진 몸 들여다보는,
십자가의 시간들 들이닥쳤네
숨죽여 기다리는 빛
오로지 주님의 빛
하여 사랑이 오는 것인가

유연히 물살을 헤치고 지느러미 흔적도 없이
뼈들의 형체도 녹아들어
방아 향기 절절한
한 그릇 장어국으로 온다

저 속에 고사리 배춧잎 숙주나물
모든 맑은 것들이 들어차고

내 동생 비비안나의 편지가 온다

　　저문 몸에 들이치는 달빛같이

　　검은빛 속에서

　　우렁우렁 사랑이 온다.

―「화해의 제물-비비안나의 장어국」 전문

　이 시는 화자가 병들어 있을 때 그의 여동생인 비비안나가, 돌아가신 엄마가 종종 끓여주시던 가족의 보양식인 장어국을 끓여 보내온 일을 시로 쓴 것이다. 화자는 병이 자신에게 찾아온 것을 "새로 살고 싶어 몸을 바꾸는 것"으로 새롭게 인식한다. 그의 이러한 인식은 "밝은 것들은 떠나가고/ 어두워진 몸 들여다보는,/ 십자가의 시간들 들이닥쳤네/ 숨죽여 기다리는 빛/ 오로지 주님의 빛/ 하여 사랑이 오는 것인가"라는 표현에서 신앙적 관점이 드러난다. 여동생이 보내온 사랑의 장어국 속에는 뼈들이 형체도 없이 녹아든 방아 향기 나는 장어뿐 아니라 "고사리 배춧잎 숙주나물/ 모든 맑은 것들이 들어차" 있다. 본래 병이 혼탁한 삶 속에서 생기는 것이라면, 장어국 속에 들어있는 '맑은 것들'은 "저문 몸에 들이치는 달빛같이/ 검은빛 속에서/ 우렁우렁"오는 사랑을 상징한다. 이런 관점에서 보면 이 시는 상대적으로 헤테로토피아의 긍정적인 측면을 드러내 보여준다.

끈다

깜깜히

너의 눈빛을

네 심장이 떠나가고

어린 달빛의 손등 위로

슬픔이 쓰러졌다

한번 뒤척이지도 않고

센 물살로 갔다

네 차가운 눈빛 지우는 사이

새로운 계절이 오고

세상의 모든 달빛

우르르 우르르

쳐들어 온다

거짓말처럼

보쌈해 갔다

남아 있는 날들은 그림자도 떼어 놓고

기쁨을 쓰리.

―「상실의 시간」 전문

무언가를 잃는다는 것은 단순히 타자와의 단절상태에 이르는 것이 아니라, 그 상실감으로 인해 극심한 고통에 이르기도 하고 새로운 자각을 통해 삶의 새로운 지혜를 얻기도 한다. 인간에게 있어서 가장 큰 상실은 죽음이다. 자신의 죽음은 생각하는 주체가 부재하므로 사유의 대상이 아니지만 자신이 사랑하던 가족이나 연인의 죽음은 커다란 충격으로 다가온다. 하이데거가 인간을 '죽음에 이르는 존재(Sein-zum-Tode)'로 보고 있는 것은 인간이 죽음을 인식함으로써 본래적인 존재로 깨어나기 때문이다.

위의 시 「상실의 시간」은 눈빛을 끄고 심장이 떠나간다는 표현이 암시해주듯이 화자가 경험한 죽음의 경험을 시로 쓴 것처럼 읽힌다. 하이데거나 사르트르에 있어서의 죽음은 '존재의 한계'를 의미하지만, 들뢰즈에게 있어서 죽음은 단순히 끝이나 부재가 아니라 생성과 잠재성의 철학 안에서 삶을 구성하는 내적 운동으로 이해된다. 위의 시는 "네 차가운 눈빛 지우는 사이/새로운 계절이 오고/세상의 모든 달빛/우르르 우르르/쳐들어 온다"는 표현을 통해서 알 수 있듯이, 이 시에 나타나있는 죽음은 들뢰즈에 더 가깝다. 위의 시를 죽음이 아니라 사랑의 상실로 보더라도, 위 시에서 보여주는 화자의 태도는 상실로 인한 슬픔에 머물러 있지 않고 또 다른 희망으로 나아가려는 생성(becoming)의 몸짓을 보여준다. 그런데 이 시에서 진행되는 생성을 통한 회복의 서사가 '달빛'과 연관 되어 나타나고 있다는 점에 주목해볼 필요가 있다.

> 저 이지러진 달
>
> 만월을 향한 막바지 달의 형체에
>
> 마음이 진다
>
> 중천에 휘영청 높이 떠
>
> 외롭고 슬픈 몸 비추며
>
> 무수한 밤의 불빛들을 압도하는
>
> 한쪽 귀퉁이 덜 여문 미완의 달에게
>
> 바람도 멈춘다
>
> 어쩌면 나는 이지러진 달이라는 생각
>
> 만월에 가까워졌으니
>
> 이제 구석으로 숨지 말아라
>
> 버려진 이삭으로도 살지 말아라
>
> 아직 구겨지지 않은 꿈과
>
> 아직 미완의 것들과
>
> 모든 사랑의 날들이 남아 있는,

그러니 쉬이 마음을 날리지 말아라

그리움도 기다리는 일도 막바지에 다다라

욕망의 혀는 뽑히고 죽음의 뿌리도 드러나네

당신과 다른 나는 여태 사랑을 믿어 왔으니

위풍당당 이지러진 달 아닌가!

―「이지러진 달」 전문

  예로부터 달은 태양과는 달리 차오름과 이지러짐을 통해 상실과 재생, 죽음과 회복의 표상으로 자리매김 되어져 왔다. 본래 여성성을 지니고 있는 달 이미지는 '이지러진 달'이 차오름을 통해 상처받은 여성성의 회복을 보여준다. 화자가 자신을 '이지러진 달'로 인식하고 "만월에 가까워졌으니/ 이제 구석으로 숨지 말아라/ 버려진 이삭으로도 살지 말아라"고 다짐하는 것도 이와 무관하지 않다. "그리움도 기다리는 일도 막바지에 다다라/ 욕망의 혀는 뽑히고 죽음의 뿌리도 드러나"지만, 화자 자신은 사랑이 만월로 꽃피우리라는 믿음을 가진 "위풍당당 이지러진 달"인 것이다. 그런데 여기서 화자가 인식하고 있는 '달'로서의 자아는 "당신과 다른" 차별화된 자아라는 점에서, 이 시의 중심 이미지인 '이지러진 달'은 시인 자신이 지향하는, 또 다른 의미로서의 헤테로토피아라고 말할 수 있다.

　이상에서 살펴본 바와 같이 노진화의 시는 바다의 근원성에 뿌리를 두고 있으면서도 구체적 가족서사를 통해 드러나는 병과 죽음, 또는 달 이미지 등을 통해 새로운 희망과 회복의 지향성을 보여준다. 그의 시에서 바다의 근원성이 가족서사에 뿌리를 둔 삶의 구심력이라면, 병과 죽음이나 달 이미지는 원심력의 성격을 지니고 있다. 그리고 그의 시는 '아무도 한정짓지 않는 현玄의 시간'을 통해서 잃어버린 자아찾기로서의 헤테로토피아를 지향하고 있다. 이처럼 그의 시에 드러나 있는 뚜렷한 시인의식은 그의 의식 깊은 곳에 자리한 영성과 현묘玄妙한 정신세계에 뿌리를 두고 있다. 그러므로 그의 시는 지금도 우리를 향하여 파도치며 오고 있다. "오로지 한 가지 생각/날 선 바위를 향해" "해도 달도 말릴 수 없는/ 그리움을 향하여/ 온 영혼을 바쳐서/오고 또 오"고 있다.(「파도」)

남아 있는 날들은 그림자도 떼어 놓고

초판 2쇄 인쇄 2025년 12월 15일

초판 2쇄 발행 2025년 12월 20일

지은이 노진화

편집 주선미 | 디자인 김수미

펴낸곳 도서출판 이um | 펴낸이 주선미

출판등록 2022년 1월 5일

주소 경기도 양주시 회천중앙로 200

문의전화 02)780-2403

전자우편 js3373@hanmail.net

ISBN 979-11-989082-5-4 03800

　*이 책의 판권은 지은이와 도서출판 이um에 있습니다
　*이 책 내용의 전부 또는 일부를 재사용하려면 반드시 양측의 서면 동의를 받아야 합니다.